시니 소마라(Shini Somara) 글
1978년 영국 런던에서 태어났어요. 헨리에타 바넷 학교에서 공부했고 부르넬 대학에서 기계 공학을 공부했고 2003년 공학박사가 되었어요. 기계 엔지니어이면서 미디어 방송인, 프로듀서 및 작가인 그녀는 BBC 과학 프로그램을 진행하고 어린이책 작가로 활동하면서 모든 사람이 과학과 기술과 친해질 수 있도록 열정을 다하고 있어요.

나자 사렐(Nadja Sarell) 그림
핀란드에서 태어났어요. 2004년 노스 웨일스 스쿨 오브 아트를 졸업했어요. 주로 핀란드와 해외의 아동 도서 출판사와 일해요. 어린이 그림책의 삽화를 그리는 일이 가장 신나는데 특히 개성이 넘치는 생생한 캐릭터를 만들어 내는 작업을 무척 즐거워해요.

박정화 옮김
단국대학교에서 영문학을 전공하고 동대학원에서 영문학 박사 학위를 받았어요. 현재 단국대와 백석대에서 강의를 하면서 어린이책 번역가로 활동하고 있어요.

나는 프로그래머가 될 거야

시니 소마라 박사 글 · 나자 사렐 그림 · 박정화 옮김
초판 1쇄 발행일 · 2021년 9월 30일
펴낸이 · 김금순
펴낸곳 · 디엔비스토리
출판등록 · 제2013-000080호
주소 · 서울 광진구 천호대로 709-9 음연빌딩 2층
전화 · (02)716-0767 팩스 · (02)716-0768
이메일 · ibananabook@naver.com
블로그 · www.bananabook.co.kr

A Coder Like Me

First published in Great Britain in 2021 by Wren & Rook
An imprint of Hachette Children's Group
Part of Hodder & Stoughton
Carmelite House, 50 Victoria Embankment, London EC4Y 0DZ
Copyright © Hodder & Stoughton Limited, 2021
All rights reserved.
Korean translation © Dnbstory Co. (Bananabook), 2021
This edition is published by arrangement with Hodder and Stoughton Limited through KidsMindAgency, Korea.

이 책의 한국어판 저작권은 키즈마인드 에이전시를 통해 Hodder and Stoughton Limited와 독점 계약한 디엔비스토리(도서출판 바나나북)에 있습니다. 신저작권법에 의해 한국 내에서 보호를 받는 저작물이므로 무단 전재와 복제를 금합니다.
KC마크는 이 제품이 공통안전기준에 적합하였음을 의미합니다.

ISBN 979-11-88064-28-1 74840

• 바나나북은 크레용하우스의 임프린트이며 디엔비스토리의 아동 · 청소년 브랜드입니다.

나는 프로그래머가 될 거야

시니 소마라 박사 글 나자 사렐 그림 박정화 옮김

바나나BOOK

"샘, 우리 오늘 재미있는 시간을 보내자꾸나!"
이모가 말했어요.
샘은 오늘 하루 이모 집에서 지낼 거예요.

샘은 이모의 작업실에 있는
컴퓨터와 각종 기기들을 보고 깜짝 놀랐어요.
"이모는 이걸로 무슨 일을 해요?"
샘이 물었어요.

"이모는 컴퓨터 프로그래머란다. 컴퓨터가 무엇을 할지 명령을 내리는 일을 해."
"컴퓨터에게 명령을 해야 해요?" 샘은 궁금했어요.
"물론이지, 컴퓨터는 명령이 없으면 제대로 작동하지 않는단다.
컴퓨터는 알고리즘이라는 것이 필요해. 알고리즘은 어떤 일을 처리하기 위해서
거쳐야 할 단계들을 말하지. 마치 우리가 매일 계획에 따라 생활하는 것과 같단다."
"네? 무슨 말인지 잘 모르겠어요."
"음, 그럼 아침에 학교에 갈 준비를 한다고 생각해 볼까?"

알람이 울립니다.

알람을 끄고 일어나서 세수하고

옷을 입고

아침을 먹고

이를 닦고 학교에 갑니다.

학교에 가기 위해 순서대로
여러 단계를 거쳐서 준비하는 것처럼
컴퓨터가 문제를 해결하기 위해서는
명령을 내려 여러 단계를 거쳐 일을 처리하게 됩니다.
이런 명령을 순서대로 모아 놓은 것이 알고리즘이랍니다.

이모가 활짝 웃으며 물었어요.
"아침으로 시리얼 먹을래?"
"네, 좋아요."
샘이 대답했어요.

"주방에도 명령에 따라 움직이는
여러 가지 모양과 크기의 기기가 아주 많단다.
이 전자레인지처럼! 또 뭐가 있는지 찾아볼까?"
이모가 말했어요.

전자레인지

블루투스 스피커

냉장고

세탁기

스마트워치

"기기의 몸체를 '하드웨어'라고 하고 기기를 움직이는 프로그램을 '소프트웨어'라고 하지. 이모는 그 프로그램을 만든단다."

아침을 먹고 이모와 샘은 창고로 갔어요.
"이 회로판을 보렴. 이 스위치들은 0과 1만 사용하는 기본 코드를 사용해서 껐다 켰다 할 수 있어. 스위치가 1이면 켜지고 0이면 꺼진단다. 프로그램은 컴퓨터 코드로 만들지."

초기의 컴퓨터 코드는 숫자와 기호만 사용했어요. 그런데 1960년대에 그레이스 호퍼가 최초로 단어를 사용해서 컴퓨터 언어를 만들었어요.

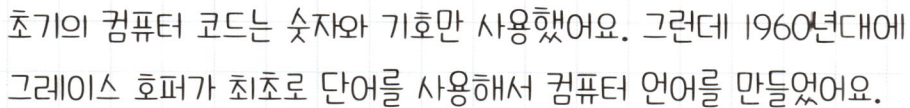

그레이스 호퍼는 사람들이 컴퓨터 프로그래밍의 복잡한 코드를 알기는 어렵다고 생각했어요. 그래서 컴퓨터 언어인 '코볼'을 만들어 사람들이 영어로 프로그램을 만들면 컴퓨터가 다시 그 영어를 코드로 번역하도록 했어요. 이렇게 컴퓨터 언어가 만들어졌어요.

샘은 회로판을 자세히 들여다보았어요.
"이 검은 것들은 뭐예요?"
"그건 반도체 칩이야."
이모가 말했어요.

"컴퓨터가 복잡한 작업을 하기 위해서는 수백만 개의
회로를 가지고 있는 반도체 칩이 필요해.
이 반도체 칩이 컴퓨터 화면에 그래픽을 만들거나
데이터를 저장하고 컴퓨터 프로그램을 실행하기도 한단다."

시계처럼 아주 작은 장치에도
회로판이 들어 있어요. 이런 물건들을 분해하고
다시 조립하는 일은 아주 재미있답니다.
물론 항상 엄마 아빠에게 먼저 허락을 받아야 해요.

빌 게이츠는 아주 어릴 때부터 컴퓨터를
연구하기 시작해서 '마이크로소프트'라는
회사를 세웠어요. 마이크로소프트는 세계에서
가장 큰 컴퓨터 회사 중 하나가 되었지요.

"초인종 소리가 들렸어요!"
샘이 말했어요.

이모와 샘은 현관으로 달려갔지만
문 앞에는 아무도 없었어요.
대신 쪽지가 놓여 있었어요.

"우체부 아저씨가 남긴 것 같은데.
너에게 소포가 온 것 같구나."
이모가 말했어요.

"샘, 신발 신으렴. 우체국이 가서 소포를 받아오자."
"무슨 소포일까요?"
샘은 궁금했어요.

"가서 보면 알겠지. 방금 아주 좋은 생각이 떠올랐는데
우리 걸어가면서 우체국에 가는 방법을 알고리즘으로
만들어 보면 어떨까?"
이모가 제안했어요.

"하나, 둘, 셋."
샘은 대문까지 걸음 수를 세어 적었어요.

이모와 샘은 오른쪽으로 꺾고
샘은 다시 걸음 수를 세기 시작했어요.
"하나……."
"잠깐."
이모가 말했어요.
"오른쪽으로 꺾은 것도 기록해야 해.
다른 사람에게 우체국까지 가는 방법을
설명하려면 언제 방향을 바꿔야 하는지
알려 줘야 한단다. 컴퓨터도 마찬가지야.
컴퓨터를 제대로 작동하게 하려면 아주
정확하게 순서를 알려 주어야 해."
샘은 방향도 꼼꼼히 적었어요.

열 걸음 더 가다가 왼쪽으로 꺾은 다음 네 걸음 직진한 후 다시 오른쪽 길로 갔어요.

하지만 다섯 걸음을 더 가자 문제가 생겼어요.

도로를 공사하고 있었거든요!

"다시 되돌아가야겠구나." 이모가 말했어요.
"그럼 우체국에 어떻게 가죠?"
"이런 문제는 언제든 발생할 수 있단다. 이럴 때 프로그래머들은 다른 방법을 찾아 우체국까지 다른 길로 가면 이 문제를 해결할 수 있겠지?"
이모가 미소를 지었어요.

이모와 샘은 소포를 가지고 집으로 돌아왔어요.
"소포를 열기 전에 프로그램을 짜 봐도 될까요?" 샘이 물었어요.
"물론이지!" 이모가 대답했어요.

"정말 잘했구나!" 이모가 칭찬했어요.
"이제 이모 집에서 우체국까지 갈 때는 이 프로그램을 이용하면 되겠구나. 컴퓨터 언어로 나타내면 되니까."

봉주르!

컴퓨터 언어를 아는 것은 외국어를 배우는 것과 같아요.
컴퓨터 언어는 종류가 아주 많지요.

파이썬(Python)은 프로그램을 설계하는 프로그래밍 언어야.

각각의 언어는 컴퓨터 코드 작성 방법이 다릅니다.

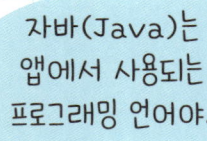

자바(Java)는 앱에서 사용되는 프로그래밍 언어야.

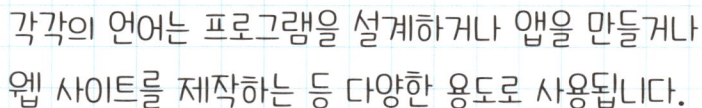

각각의 언어는 프로그램을 설계하거나 앱을 만들거나 웹 사이트를 제작하는 등 다양한 용도로 사용됩니다.

"로봇이 컴퓨터 언어로 내리는 명령을 이해하기만 하면
네가 만든 프로그램에 따라 로봇을 우체국에 보낼 수 있단다."
이모가 말했어요.

"로봇이 혼자 갈 수 있다고요?" 샘이 물었어요.
이모가 고개를 끄덕였어요.
"물론이지. 아마 우체국에서 일하는 분이 깜짝 놀라겠지?"

사람들은 달이나 화성처럼 멀리 떨어진 우주도 컴퓨터를 이용해 탐험합니다.

인류를 달로 이끌고 소프트웨어를 발명한 마가렛 해밀턴은 미국 우주선 아폴로를 달에 착륙시키기 위한 소프트웨어를 개발한 책임자였어요.

마가렛 해밀턴이 개발한 소프트웨어가 없었다면 닐 암스트롱과 버즈 올드린은 1969년에 달에 착륙하지 못했을지도 모릅니다.

마가렛 해밀턴은 또한 미국 최초의 우주 정거장인 스카이랩을 위한 소프트웨어도 개발했어요.

화성 탐사선

최근 몇 년 동안 세계 각국에서는 화성 탐사선과 같은 무인 로봇을 화성으로 보냈어요.

화성 탐사선은 화성에서 생명체가 살아갈 수 있는지 확인하기 위해 화성의 암석과 토양에 대한 정보를 수집하고 있어요.

"우아! 로봇이 그런 일도 할 수 있어요?" 샘이 물었어요.
이모가 활짝 웃었어요.
"로봇은 거의 모든 일을 할 수 있단다! 컴퓨터가 빠르게 발전하고 있어서 로봇이 우리 대신 점점 더 많은 일을 하게 될 거란다."

이모가 탁자 위에 있는 인공 지능 스피커를
톡톡 두드리더니 말을 걸었어요.
"안녕, 인공 지능에 대해 말해 줄래?"
"네!"
인공 지능 스피커가 대답했어요.

인공 지능이란 기계나 컴퓨터 프로그램이
인간처럼 생각하고 학습할 수 있는 기술을 말합니다.

예를 들어 자율 주행 자동차는 사람이 운전할 필요가
없도록 운전 방법을 학습해 스스로 운전하지요.

자율 주행 자동차는 안전해야 하고
다양한 날씨와 도로 상황에
대처하는 것이 중요해요.

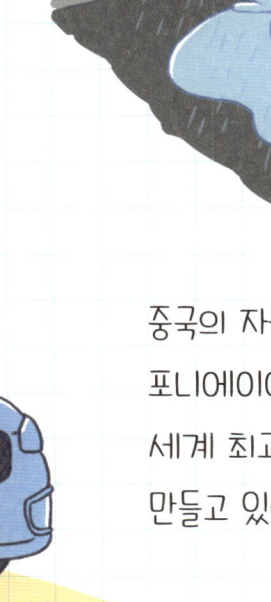

중국의 자율 주행 자동차 개발 회사인
포니에이아이의 공동 설립자 티안쳉 루와 같은
세계 최고의 프로그래머들이 자율 주행 자동차를
만들고 있어요.

샘이 소포를 열었어요.
"우아! 강아지 로봇이에요!"
"강아지 로봇이 할 일을 네가 직접 프로그래밍할 수 있을 것 같은데."
이모가 말했어요.
"그러려면 먼저 명령어를 배워야겠네요."
샘은 사용 설명서를 읽으면서 말했어요.

샘은 곧 강아지 로봇이 이모에게 중요한 일을 알릴 때 짖을 수 있도록 프로그래밍하기 시작했어요.

"어떻게 하면 이모처럼 프로그래머가 될 수 있어요?"

프로그래머가 되려면 프로그래머처럼 생각해야 해요. 호기심을 가지고 창의적으로 생각하며 때로는 문제를 해결할 방법을 찾을 때까지 인내심을 가져야 합니다.

집 안을 둘러보고 컴퓨터나 로봇이 어떻게 여러분을 도울 수 있을지 궁리해 보세요.

로봇이 개를 산책시키면 어떨까요?

프로그램은 어떻게 만들 수 있을까요?

프로그래밍을 배울 수 있는 방법은 아주 많아요.

그중 하나는 무료로 제공되는 여러 앱을 통해 학습하는 거예요.

그 앱들을 통해 프로그래밍의 기초인 코딩에 대해 배울 수 있어요.

여러분이 좋아하는 이야기는 무엇인가요?

여러분이 좋아하는 이야기를 바탕으로 짧은 만화나 게임을 만들어 보세요.

프로그래밍에서 중요한 것은 프로그램이 거쳐야 하는 단계에 대해 생각하는 거예요.
이것은 마치 하나의 계단과 같아서 한 개의 프로그램은 시작부터 마지막까지
모든 단계가 연결되어야 합니다.

프로그래밍 단계를 올바른 순서로 배치하는 것을 시퀀싱이라고 해. 이 단계에서 기초적인 알고리즘을 구성하지.

프로그래밍의 재미 중 하나는
실수를 찾아 수정하는 것이니
오류가 나도 걱정하지 마세요.

엄마 아빠와 함께 무료 앱과 사이트를 통해 직접 체험해 보세요.

스크래치 주니어 www.scratchjr.org   엔트리 https://playentry.org
스위프트 플레이그라운드 www.apple.com/swift/playgrounds   마이크로비트 https://microbit.org

이 책을 엄마, 아빠, 샬린 그리고 특히 이 책을 쓸 수 있도록 영감을 준 섬세한 마음의 소유자 소레야에게 바칩니다. 여러분의 지원과 사랑에 감사드립니다.
— 시니 소마라

최고의 문제 해결사이자 컴퓨터 기술자인 나의 동생 빌에게
— 나자 사렐